글 김종원

인문학 공부를 하면서 말의 중요성을 깨달아 말의 힘과 삶의 지혜를 전하는 책을 쓰고 강연을 합니다. 어린이들이 하루하루 아름답게 살아가길 바라는 마음으로 「김종원의 예쁜 말 시리즈」를 쓰고 있습니다. 쓴 책으로 『나에게 들려주는 예쁜 말』, 『부모의 말』, 『매일 아침을 여는 1분의 기적』, 「어린이를 위한 30일 인문학 글쓰기의 기적 시리즈」 등 100여 권이 있습니다.

그림 나래

대학에서 회화를 전공하고 다양한 방식으로 그림을 그립니다. 일상의 귀여움을 좋아하며, 그림으로 이야기 전달하는 것을 좋아해 그림책을 만들고 있습니다. 그린 책으로 『나에게 들려주는 예쁜 말』이 있습니다.

김종원의 예쁜 말 시리즈 ②
서로에게 들려주는 따뜻한 말

1판 1쇄 펴냄 2024년 7월 1일
1판 3쇄 펴냄 2025년 2월 20일

글 김종원 | **그림** 나래
펴낸이 김병준 · 고세규 | **편집** 김리라 · 박은아 | **디자인** 백소연 | **마케팅** 김유정 · 차현지 · 최은규
펴낸곳 상상아이 | **출판등록** 제313-2010-77호(2010. 3. 11.)
주소 서울시 마포구 독막로6길 11, 우대빌딩 2, 3층
전화 02-6953-7790(편집), 02-6925-4188(영업) | **팩스** 02-6925-4182
전자우편 main@sangsangaca.com | **홈페이지** http://sangsangaca.com

ISBN 979-11-93379-31-8 74810

· KC마크는 이 제품이 공통안전기준에 적합하였음을 뜻합니다.
· 잘못 만들어진 책은 구입하신 서점에서 교환해 드립니다.

상상아이 는 상상아카데미의 그림책 브랜드입니다.

글 김종원 · 그림 나래

상상아이

따뜻한 말을 하는

_____ 에게

차례

작가의 말 같은 말도 서로에게 더 다정하게 말해요 ♥ 10

늘 내 곁에 있어요 ♥ 12
나라서 다르게 할 수 있어 ♥ 14
함께한 기억이 더 소중해 ♥ 16
차분히 내 마음을 전하면 ♥ 18
내 마음은 바꿀 수 있어요 ♥ 20
나는 용감한 아이야 ♥ 22

잘하는 게 왜 없어? ♥ 24
나를 스스로 깨워요 ♥ 26
무엇이든 처음 하는 날 ♥ 28
생각에 날개를 달아요 ♥ 30
향기로운 기분을 선물해요 ♥ 32
세상에 단 하나뿐인 예술 작품 ♥ 34

방긋 떠오르는 해님처럼 ♥ 36

솔직하게 말하면 단단해져요 ♥ 38

'덕분에'라는 안경을 쓰면 ♥ 40

말하는 대로 기분도 변해요 ♥ 42

흙과 모래와 바다를 만나면 ♥ 44

언젠가는 다 잘될 거야 ♥ 46

내 생각도 한번 들어 볼래? ♥ 48

네가 가진 것도 멋져 ♥ 50

열심히 뛴 나를 칭찬해 ♥ 52

나는 지금 잘하고 있어 ♥ 54

변함없이 좋은 친구 ♥ 56

꽃을 기르는 동안 내 마음은 ♥ 58

맺음말 나를 지켜 주는 '따뜻한 말'의 힘 ♥ 60

작가의 말

같은 말도 서로에게 더 다정하게 말해요

"우리 오늘 예쁜 꽃을 사서
네 방에 함께 장식해 볼까?"
"에이, 제 방에 꽃이 어울릴까요?"
이렇게 말하면 모두 기분이 나빠져요.
특별한 날에 꽃이 필요한 게 아니라,
꽃이 있어서 그 하루가 특별해지죠.
향기로운 말을 하면 하루가 특별해질 거예요.

나는 사랑하는 부모님께,
그리고 소중한 나의 친구들에게,
같은 말도 좀 더 다정하게 해요.

물론 기분이 많이 나쁜 날에는
마음에서 좋은 말이 나오지 않을 수 있어요.
하지만 그럴 땐 자신에게
이런 말을 들려주면 어떨까요?

"기쁜 일이 늘 일어나지는 않더라도,
매일 좋은 생각을 할 수는 있어.
어떤 생각을 할지는 스스로 결정할래."

나는 나에게 들려줄 말을
스스로 고를 수 있어요.
가장 따뜻하고 빛나는 말만
소중한 내게 들려줄 거예요.

김종원

늘 내 곁에 있어요

"엄마가 끝나는 시간에 맞춰서 데리러 올게."
이렇게 몇 번이나 약속했지만,
낯선 곳에서 불안한 마음은 더 커져요.
"엄마 손 놓지 않을 거야."
"그냥 집으로 돌아갈래!"

하지만 난 알아요.
엄마 아빠가 보이지 않는 곳에 있어도,
나와 같이 있지 않아도,
늘 나를 생각하고, 사랑한다는 것을.

나는 다시 부모님을 만날 때까지
친구들, 선생님과 함께 즐거운 하루를 보낼 거예요.
혼자 있어도 두렵거나 불안하지 않아요.
부모님이 늘 내 곁에 있으니까요.

나라서 다르게 할 수 있어

"저 책은 네가 읽기에 너무 어려워."
"할 수 있겠어? 너에게 아직 무리야."
새로운 시도를 하는 사람은
무시당할 수도 있고, 실패할 수도 있어요.
하지만 그건 단순히 지나가는 과정일 뿐이에요.

다른 사람의 말을 듣는 것도 좋지만,
다짐하며 도전하는 자세가 필요해요.

"나라서 다르게 할 수 있어!"
"쉽지는 않겠지만, 한번 해 봐야지."

처음부터 쉬운 일은 없어요.
하지만 반복하면 조금씩 수월해져요.
일단 시작하면 결국 목적지에 갈 수 있어요.

함께한 기억이 더 소중해

동생과 함께 장난감으로 집을 만들었어요.
그런데 동생이 그만 장난을 치다가 넘어뜨려서
산산조각이 나고 말았어요.
그럴 때는 누구라도 못된 말이 나올 수 있어요.
하지만 나는 따뜻한 말로 동생을 안아 줄 거예요.

"괜찮아. 우리가 같이 만드는 동안 즐거웠잖아.
무언가를 함께했다는 기억이 더 소중해."

따뜻한 말로 동생을 안아 주면
서로 기분이 더 좋아져요.
반대로 내가 장난감을 바닥에 떨어뜨려도
동생이 따스한 말로 나를 안아 줄 수 있어요.
용서와 이해는 모두의 것이니까요.

차분히 내 마음을 전하면

모두 차례를 지키며 줄을 설 때
간혹 끼어드는 친구가 있어요.
그럴 때 나는 그 친구에게 화를 내지 않아요.
이렇게 차분히 내 마음을 전하면,
함께 있는 공간이 따뜻해져요.

"네가 질서를 지키면,
여기 있는 모든 친구가 더 행복해질 거야."
"다들 서로를 위해 질서를 지키는 거야."

규칙이 뭔지 모르는 친구가 있을 수도 있어요.
하지만 나는 다르게 행동할 수 있어요.
그럴 때는 내가 올바른 행동으로
질서의 가치를 알려 주면 돼요.

내 마음은 바꿀 수 있어요

"저 친구는 왜 나를 잘 알지도 못하면서
자꾸 피하고 주변에 나쁜 소문만 내지?"
답답하지만 친구의 마음은 내 것이 아니니
내가 어떻게 바꿀 수는 없어요.
반대로 내 마음은 바꿀 수 있지요.

"저 친구는 나를 잘 몰라서, 나를 싫어하는구나.
나를 제대로 알면 결국 날 좋아할 텐데.
앞으로 차근차근 알려 줘야겠다."

나는 친구를 무작정 미워하지 않을 거예요.
좋은 마음으로 찾으면 방법은 어디든 있어요.

또 모두가 날 좋아하지 않아도 상관없어요.
나에게는 나를 믿어 주는 친구와 가족이 있으니까요.

나는 용감한 아이야

감기에 걸리면 병원에 가요.
그럴 때 주사를 맞지 않겠다며
울고불고 떼를 쓰는 친구도 있고,
집으로 돌아가려는 친구도 있어요.

하지만 나는 병이 나서 아픈 것보다는
주사를 맞는 게 덜 아프다는 걸 알아요.
주사는 아프지 않으려고 맞는 거니까요.

"내 몸을 위해서 잠깐 참는 거야.
나는 그 정도는 견딜 수 있는 용감한 아이잖아."

자신에게 따뜻한 말을 할 줄 아는 사람은
힘들 때도 희망을 바라보아요.

잘하는 게 왜 없어?

'현서는 노래를 정말 잘하고,
시연이는 청소와 정리를 잘하는데.
왜 나는 잘하는 게 하나도 없을까?'

이런 생각이 종종 들어요.
하지만 누구나 잘하는 게 있고
반대로 못하는 게 있어요.
나는 나 자신을 따뜻한 눈으로 볼 거예요.

"내게는 다른 친구들의 장점을 찾아내는
세상에서 가장 멋진 능력이 있어!"

어떻게 생각하느냐에 따라
단점도 장점이 될 수 있어요.

나를 스스로 깨워요

나도 아침에 잘 일어나고 싶어요.
"언제까지 깨워 줘야 하니. 이제 일어나야지."
이런 잔소리도 듣고 싶지 않아요.

이제는 아침에 서로 짜증 내고 꾸물대느라
시간을 낭비하지 않을래요.
난 나를 스스로 깨울 수 있어요.

"오늘 하루도 예쁜 소식이
나를 찾아올 거야."
"아침에 잘 일어나면
즐거운 일이 많이 생길 거야."

이제 나만 아는 따뜻한 말로
나를 깨울 거예요.

무엇이든 처음 하는 날

처음 학교에 가는 날,
처음 축구와 피아노를 배우는 날,
설레지만 두렵기도 해요.

누구나 처음 시작할 때는 떨려요.
하지만 나는 내가 가진 마음의 힘을 믿어요.
내게 힘이 될 수 있는 말을 들려주면
오늘부터 무엇이든 용감하게 해낼 수 있어요.

"나는 두려움 대신 용기를 선택할래요."
"나는 나를 지킬 수 있어요.
내게는 그럴 힘이 있으니까요."

내가 나를 믿으면 그 순간부터
할 수 있는 일이 많아져요.

생각에 날개를 달아요

"이번에는 누가 발표를 해 볼까?"
선생님이 이런 말을 하면 마음이 떨려요.
여러 사람 앞에서 말하는 게 무섭거든요.
하지만 이제 생각을 바꿀 거예요.
발표는 '내 생각에 날개를 달아주는 일'이니까요.

혼자만 생각하면 아무도 알 수 없으니 답답해요.
용기 내어 손을 들고 말하면
내 생각을 친구들에게 전할 수 있어요.

"발표는 내 생각이 멀리 날아갈 수 있게
친절히 도와주는 생각의 날개예요."

사람들 앞에서 말하는 건 '두려운 일'이 아니라
내 생각을 전할 수 있는 '설레는 일'이랍니다.

향기로운 기분을 선물해요

구석구석 이를 닦는 건
정말 귀찮고 지루한 일이에요.
입에서 거품이 나도 삼키면 안 되고
기다란 칫솔로 여기저기 닦아야 해요.
자꾸 딴짓하며 놀고만 싶어요.
그럴 땐 향기로운 기분을 나에게 선물해요.

"나는 내게 깨끗한 이를 선물할 거야."
"이를 닦으면서 나는 내게
좋은 향기를 선물할 수 있어."

아무리 귀찮은 일이라도 선물한다고 생각하면 .
무엇이든 하기 쉬울 거예요.

세상에 단 하나뿐인 예술 작품

"넌 왜 이렇게 키가 작아?"
갑작스러운 친구 말에 상처받을 수도 있어요.
하지만 마음의 힘이 강한 사람은
당당하게 말해요.

"지금은 크지 않아도,
골고루 먹고 열심히 운동하니까
점점 키가 커질 거야.
하지만 커지지 않는다고 해도 괜찮아."

나는 지금의 나를 사랑해요.
계속해서 나를 만들어 갈 테니까요.

나는 내가 하나하나 만드는
세상에 단 하나뿐인 예술 작품이에요.

방긋 떠오르는 해님처럼

해야 할 일을 미루면 지금은 편해요.
하지만 일이 계속해서 쌓이면
결국에는 아무것도 해내지 못해요.

매일 아침에 뜨는 해가
귀찮다고 떠오르지 않으면 어떻게 될까요?
온 세상이 뒤죽박죽 어지러울 거예요.
방긋 웃으며 떠오르는 해님 덕분에
우리는 편안하게 하루를 시작할 수 있지요.

그날그날 해야 할 일을 미루지 않고
해낸다면 두려울 게 없답니다.

주어진 일을 척척 해내는 사람은
언제나 내일을 기대하며 살아요.

솔직하게 말하면 단단해져요

"장난감 어지른 사람 누구야?"
부모님이 화를 내면 무서워서
자꾸 변명하게 돼요.
"그거 내가 한 거 아닌데…."

누구나 실수하고 잘못할 수 있어요.
하지만 어리석은 사람은 자꾸만
변명으로 잘못한 걸 감추려 하고,
지혜로운 사람은 잘못을 솔직하게 말해요.

"나는 변명이나 핑계를 대지 않아요.
그건 나랑 어울리는 말이 아니죠."

잘못한 게 있으면 바로 말하는 게 좋아요.
솔직하게 말하면 마음이 단단해져요.

'덕분에'라는 안경을 쓰면

횡단보도 바로 앞에 다다랐는데
갑자기 빨간불이 켜지면
운이 없다는 생각이 들어요.
"길에 사람들만 적었어도
더 빨리 뛰었을 텐데."

하지만 '덕분에'라고 생각하면
오히려 상황을 좋게 바라볼 수 있어요.
"마침 빨간불이 켜진 덕분에
주변 풍경도 볼 수 있네."

같은 상황도 다르게 보면
늘 좋은 일만 생긴답니다.

"나는 '덕분에'라는 안경으로 세상을 봐요.
그러면 매일 아름다운 선물을 받을 수 있어요."

말하는 대로 기분도 변해요

"뭐야, 우유를 또 쏟았네."
"같은 문제를 또 틀렸잖아!"
나쁜 일이 계속해서 생기면 툴툴거리게 돼요.
"왜 나한테만 이런 일이 생기지?"

나는 기분대로 말하지 않아요.
말하는 대로 기분도 변하니까요.
"앞으로 우유를 먹을 때
어떻게 하면 안 쏟을지 생각해야지."
"좋았어! 이번에 틀린 걸 경험으로 삼자.
다음에는 꼭 실수하지 말아야지."

내 마음이 듣기에도 예쁜 표현을 찾아서
나에게 아름다운 말을 들려줘요.

흙과 모래와 바다를 만나면

"저 돌 밑에 벌레가 있으면 어쩌지?"
"으, 모래 밟기 싫어. 느낌이 이상할 것 같아!"
누구나 새로운 환경을 만나면
낯설어서 예민해질 수 있어요.
하지만 마음을 잠시 내려놓고
주변을 살펴보면 다른 게 보여요.

우리에게 식물이 지니는 '뿌리'가 아닌,
움직일 수 있는 '발'이 있는 이유는
계속해서 새로운 것을 경험하고
거기에서 무언가를 배우기 위해서랍니다.

용기 내어 내게 새로운 기회를 주어요.
흙과 모래와 바다를 만나면
오색 빛깔 다채로운 추억이 기다릴 테니까요.

언젠가는 다 잘될 거야

아직 힘이 약해서 넘지 못하는 장애물도
읽기 어려운 글자가 많은 책도
내가 고민하는 게 무엇이든
언젠가는 다 해낼 수 있어요.
끝까지 포기하지 않고
스스로 격려하는 말을 들려준다면 말이죠.

무엇이든 쉽고 빠르게 완성되는 건 없어요.
더 좋은 내가 되려면
꾸준히 노력한 시간이 필요해요.

"아무것도 하지 않으면
아무것도 될 수 없어요."

열심히 하는 마음은 소중해요.
무엇이든 가능하게 만들어 주니까요.

내 생각도 한번 들어 볼래?

"넌 왜 내 말을 안 들어?"
"네 생각은 틀렸어."
서로 자기 생각만 하면 결론이 나지 않아요.
의견이 맞지 않을 때는
내 마음도 다치지 않고
친구 마음도 다치지 않게
호수처럼 잔잔한 말을
물결처럼 조용히 들려줘요.

"내 생각도 한번 들어 볼래?"
"나는 이렇게 생각하는데,
네 생각은 어때?"

정답은 있을 수 있지만,
세상에 틀린 생각은 없어요.

네가 가진 것도 멋져

"나는 너보다 더 잘할 수 있어."
"에이, 네가 가진 건 별거 아니야!"
친구보다 좀 더 잘하고 싶고 인정받고 싶어서
자꾸 으스대고 큰소리쳐요.

보이는 것으로 다른 친구와 비교하기보다는
노력하는 나를 있는 그대로 바라보아요.

"이번엔 친구가 더 잘했으니 축하해 줘야지."
"네가 가진 것도 멋져."

결과는 별로 중요하지 않아요.
열심히 노력하면서 나도 더 배웠으니까요.
마음의 방향을 바꾸면 헛된 욕심이 사라지고
친구 사이도 좋아져요.

열심히 뛴 나를 칭찬해

오늘 하루는 엉망진창이에요.
아침부터 지각해서 허겁지겁 뛰다가
넘어져서 다리까지 다쳤지요.
이럴 때는 누구라도 짜증이 나요.

하지만 나아지려면 실수도 해 봐야 해요.
그때마다 짜증이나 화를 내기보다는
따스한 위로를 해 주는 게 좋아요.

"늦지 않으려고 열심히 뛴 나를 칭찬해."
"내일부터는 뛸 일이 없게 일찍 일어나자."

나는 늘 문제보다는 방법을 찾아요.
내일부터 조금 더 서두르면 되고,
넘어지지 않게 조금 더 조심하면 돼요.

나는 지금 잘하고 있어

"다들 모래성을 잘 만들었는데,
나만 망한 것 같아."
다른 친구들보다 내가 못한 것 같으면
자신에게 차가운 말만 하게 돼요.

하지만 낮에 보이지 않는다고
하늘에 별이 없는 건 아니에요.
차분히 마음을 가라앉히고 눈을 감으면
내 안에 있던 따스한 말이
별처럼 하나둘 떠서 하루를 빛냅니다.

"걱정하지 마. 나는 지금 잘하고 있어."
"더 좋은 결과가 나를 기다려."

잠시 불어오는 바람에 흔들리지 않을 거예요.
하다 보면 곧 좋은 일이 생길 테니까요.

변함없이 좋은 친구

오늘은 친구들과 함께 춤을 출 거예요.
많이 연습했으니까 잘하겠지요?
그런데 잠깐 딴 생각을 하다가
혼자만 동작을 틀렸어요.

너무 부끄럽고 미안해서 눈물이 나요.
어떤 친구는 웃으면서 놀려대요.
그럴 때 따뜻하게 위로해 주는 친구도 있어요.

"괜찮아. 누구나 실수할 수 있어."
"놀리는 말에 신경 쓰지 마."
"실수해도, 실수하지 않아도
너는 변함없이 좋은 친구야."

따스한 말 한마디에
마음이 포근해져요.

꽃을 기르는 동안 내 마음은

"이번에는 내가 이길 줄 알았는데.
수영 연습 정말 열심히 했단 말이야."
무언가를 잘하거나 승부에서 이기기 위해서
열심히 노력한 경험은 누구에게나 있어요.

그럴 때 나는 결과가 별로 좋지 않더라도
나를 탓하며 나 자신을 아프게 하지 않아요.

꽃을 기르면서 마음이 꽃밭이 되는 것처럼
노력하는 동안 나는 이미 많은 것을 받았어요.

멋진 과정을 경험하는 건,
어떤 결과보다도 소중한 일이죠.

맺음말

나를 지켜 주는 '따뜻한 말'의 힘

살다 보면 여러 사람을 만나

다양한 경험을 해요.

기분이 나쁠 때도 있고 힘든 순간도 있어요.

그럴 때 우리를 지켜 주는 건 무엇일까요?

굳세게 나 자신을 믿는 마음의 힘?

아니면 무엇이든 들 수 있는 강력한 몸의 힘?

모두 맞아요.

하지만 그걸 가능하게 해 주는 건 따로 있어요.

바로 우리가 자신에게 매일 들려주는 따뜻한 말입니다.

몸과 마음의 힘은 결국 말에서 나와요.

책에 적힌 말을 따라 읽으며

매일 자신에게 들려주세요.

"이 정도는 충분히 견딜 수 있어.'
"나는 내가 생각한 것보다 강한 사람이야."
"지금은 못하지만 반복하면 충분히 가능해."

매일 우리가 자신에게 들려준 말이
내 안에 쌓이고 또 쌓이면
그렇게 쌓인 말이 훗날
우리를 지켜 줍니다.

그리고 마지막으로 이 말을 꼭 기억했다가
자신에게 들려주세요.

"내가 잘하든 못하든
나는 평생 내 편이야."